Fußball ist sooo toll!

arsEdition

ALSo beim Fußball kann man entweder gewinen oder verliren

einspil dauert 2 mal 60 Minuten

Der treiner muss den sbilern sagen wo die hinschiesen müssen und wie lange es noch ist

ALso unser traiener sagt, mann
muss ned immer Schön Spielen
haupsache bei den anberen
klingelds ordenlich

ein faul ist

total verboten

Wenn eind hinfligt und es war gar nix heist das Schwalbe.

Schwalbe – dan felt der hin und schreit wie am Spieß obwohl ihm noch noch nicht mal einer was gebrochen hat.

bei der taktik denkt sich der trainer was ganz toLLes mit seinem jungs aus und keiner von denen darf davon was sagen, noch noch ned mal zuhause

der Jogi Löw ist der Trainer weil er der beste ist und mer weiß als alle anderen

ich finde fußball super weil das fezzt

Warum Fusbal saugeferlich is.

Stürmer

der muss Tore schießen und stärker sein alle anderen

angreifel müssen böse kucken können und sich Sachen ausdenken wie sie den anderen den Ball wegnehmen können

Mein papa sagt immer, die frauen Könen ned gut spielen weil die vill weniger Konition haben als Mäner

ins stadion gehen mer Menner weil die Frauen das plöd finden wenn die immer so laut schrein müssen der hat ein bischen komischen namen der ist aber schon ganz gut

Ich will werden wie der
Robn

der Reus findich cool weil der
eine schöne friseur hat

Fc Bayern 100:0 Dortmund

ich find cool dass wir in der championslig jeden weghauen

ich würde zu schalke gehen wail die auch mal gegen bayern gewinnen und es bei denen nicht reinregnet wer nächsten jahr weltmeister wird ist mir egal aber hauptsche, nedd b-ayern

ein star wird man wenn
die kokke stimmr
Geld
Bayern
Manu
Barcelona

die verdinen so viet Geld
weil die sich sonst deuren
Autos neb Leisten
können und ihnen die Frauen
abhauen

di vadienen zwar sauvil aber die müssen auch den ganzen tag dauernt rennen.

Wann ein Fußball spieler zu Schnel mit sein auto fert
muss der ins gefäglis und das stet dann in der
Zeitung.

wenn der trener einem
zusammenfaltet heißt das das
er den erst maned mehr
leiden kann und gans schön
ausschimfen tut vor dem Team.

Der schisrichter hat schwarze klamotten an damit jeder weis wer der bumann ist

Beim abseits pfeift der Schiedsrechter
dass das tor nix wert war

Der schitsrichter ist Schlißlich auch nur ein mensch.

Also Abseitsfale ist, wenn die Spiler der andern Manschaft sich den Ball holen wollen und die den der den Ball hat in so ne Rictung Locken wo der Schiedsrichter auf jeden Fall abffeift.

Bei der krädsche, springt der eine solage in den gegspidler rein bis der umligt

Bei der Mauer müssen die sich gans dicht zusammenstellen auch wenn die schon total durchgeschwitzt sind.

Eine Mauer kann aber auch geferlichsein
weil man da onmechtig werdenkann

bei ner Roten karte hat der
was ganz schlimmes gemacht.

der darf dann nicht mehr mitspielen manchmal muss der dem andern spiler auch gelt geben deswegen

Manchmal Gehen die anderen voll rein

Wer einen Fault muss sich aber auch endschuldigen.

Fußball ist jednfalls nix für weicheier

wenns schlecht leuft schnautzt der träner die spiler so an das die dann danach alles richtig machen und noch fester schießen

mann deckung -

Die laufen dann dauend nebeneinan-der her und sind haupsächlich nur mit sich beschäftigt

Beim Anpfiff wird man in der Umkleidekabiene total ausgeschimft absto ß –

Da trit dr tromann so fest gegen den, Ball das wenn der vorbeitrit in richtigien tiefes Loch in den boden haut

Beim Frei stos Legt sich einer den Ball ganz in Ruhe hin und trischt den dann ins Tor rein oder die Mauer.

Schwalbe ist, wenn einer besonders noch fligen muss beim Kopfball dann versucht der ganz hoch in die Luft.

bei einem Kontner wiLL die eine
manschaft grad angreift unddie
anderen schiest das Tor

wen der stürmer kein tor schiest
wird der nach italin verkauft.

in den Pokal mussman Bier oder wein schütten,
hauptsache Alkohol

Wenn ich erwaksen bin werde
ich deutscher meister

Text und Illustration: Jan Kuhl & seine Schulkinder, Dernbachschule, Herborn

Printed by Tien Wah Press
ISBN 978-3-8458-0347-0

www.arsedition.de

FSC www.fsc.org
MIX
Papier aus verantwortungsvollen Quellen
FSC® C012700